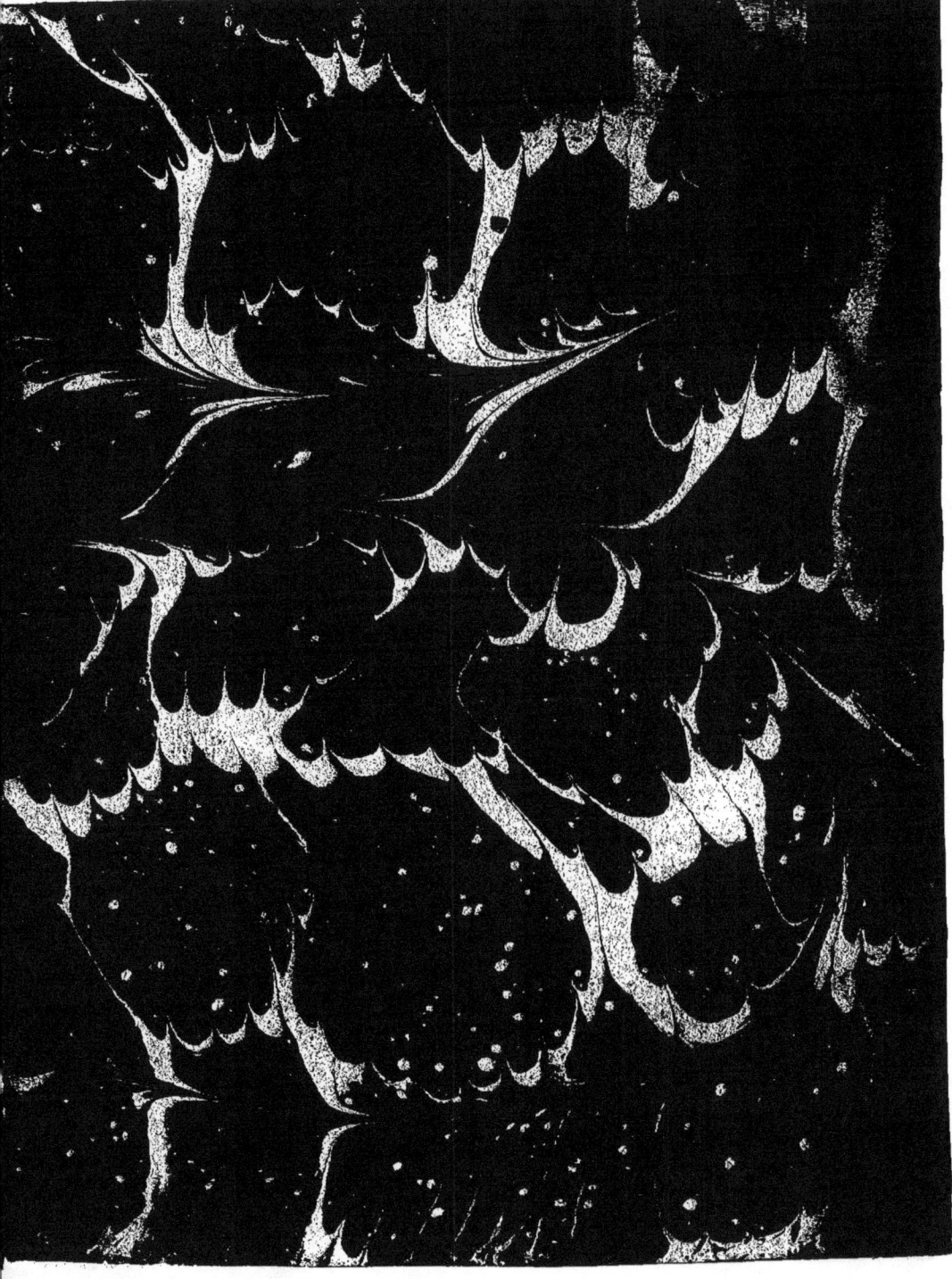

5199
H

C. L. Desrais del. 1776.　　　　　J. Marchand Sculp.

RECUEIL

DES PORTRAITS
DES HOMMES ILLUSTRES,

Dont il est fait mention dans l'Histoire de France, commencée par MM. VELLY & VILLARET, & continuée par M. l'Abbé GARNIER.

TOME VI,

CONTENANT la suite du Regne de Louis XIV, & un Supplément pour différens Regnes.

A PARIS,

Chez NYON l'aîné, Libraire, rue du Jardinet, quartier Saint-André-des-Arcs.

M. DCC. LXXXVI.

ÉTAT DES PORTRAITS DU SIXIÉME VOLUME,

Contenant supplément aux précédens Regnes, & la suite du Regne de Louis XIV.

Supplément pour différens Regnes.

[Portraits allégoriques de Louis XVI, & de la Reine son épouse.]

1 JEAN Pitard, *Chirurgien.*
2 Lanfranc, *Médecin.*
3 Philippe - Auréole - Théophraste Paracelse, *dit* Bombast, *Médecin.*
4 Guillaume le Vasseur, *Chirurgien.*
5 Nicolas Machiavel.
6 Nicolas Copernic.
7 Raphael Sanzio, *surnommé* d'Urbin, *Peintre.*
8 Lucas de Leyde, *Peintre.*
9 Balthasar Peruzzi, *Peintre.*
10 Polidore Caldara, *surnommé* le Caravage, *Peintre.*
11 Pierre Aretin.
12 Jean Holbein, *dit* le Jeune, *Peintre.*
13 Barthelemi Bandinelli.
14 André de Bourdeille, écrivant à Charles IX.
15 Louis de Grenade, *Dominicain.*
16 Pierre Breughel, *surnommé* le Vieux, *Peintre.*
17 Auguftin Carrache, *Peintre.*
18 Annibal Carrache, *Peintre.*
19 Ange Merigi, *dit* Michel Caravage, *Peintre.*
20 Charles de Longueval, *Comte de Buquoy.*

21 Louis de Nogaret de la Valette, *Cardinal.*
22 Pierre de Berulle, *Cardinal.*
23 Philippe Cospean *ou* Cospeau, *Evêque de Lisieux.*
24 Nicolas Grillié, *Evêque d'Uzès.*
25 S. François de Sales, *Evêque de Genève.*
26 S. Vincent de Paul.
27 Louise Marillac, veuve le Gras.
28 Léonard Philaras.
29 Agathe de Châtillon.
30 Henri Blacvod, *Médecin.*
31 Henri Goltzius, *Peintre.*
32 Jean Lanfranc, *Peintre.*
33 Alexandre Algardi, *Sculpteur.*
34 Jérôme Frescobaldi, *Organiste.*
35 Raphael Menicuccius.

SUITE DU REGNE DE LOUIS XIV.

36 Louis XIV, *en habit militaire.*
37 Bataille de Rocroy, en 1643.
38 Médailles, 1644 = 1648.
39 Siége d'Arras, en 1654.
40 Bataille des Dunes, en 1658.
41 Médailles, 1663 = 1668.
42 Médailles, 1669 = 1670.
43 Passage du Rhin, en 1672.
44 Siége de Mastricht, en 1673.
45 Bataille d'Ensheim, en 1674.
46 Médailles, 1675 = 1682.
47 Bataille de Cassel, en 1677.
48 Attaques de Gènes, en 1684.

49 Siége de Luxembourg, en 1684.
50 Médailles, 1685 = 1687.
51 Siége de Philisbourg, en 1688.
52 Siége de Mayence, en 1689.
53 Bataille de Fleurus, en 1690.
54 Siége de Mons, en 1691.
55 Combat de Leuze & de Lacatoire, en 1691.
56 Siége de Nice, en 1690.
57 Siége de Namur, en 1692.
58 Guillaume III, *Roi d'Angleterre*.
59 Maximilien-Emmanuel, *Duc de Baviere*.
60 Combat de Steinkerke, en 1692.
61 François-Louis de Bourbon, *Prince de Conti*.
62 Camp devant Roses, en 1693.
63 Adrien-Maurice de Noailles.
64 Bataille de Nerwinde, en 1693.
65 Campement sous Hailbron, en 1693.
66 Bataille de la Marsaille, en 1693.
67 Bataille de Verges, en 1694.
68 Siége de Gironne, en 1694.
69 Siége de Carthagène en 1697.
70 Siége d'Ath, en 1697.
71 Siége de Barcelone, en 1697.
72 Siége de Crémone, en 1702.
73 Siége de Keyserswert, en 1702.
74 Bataille de Luzzara, en 1702.
75 Philippe V, *Roi d'Espagne*.
76 Siége de Landau, en 1702.
77 Joseph I, *Empereur*.
78 Bataille de Fredelingue, en 1702.
79 Siége de Brissac, en 1703.
80 Louis de France, *Duc de Bourg*.
81 Maximilien II, *Empereur*.
82 Philippe III, *Comte de Hollande, & Philippe II, suivant l'ordre des Rois d'Espagne*, en habit militaire.
83 Cartes des Provinces-Unies.

JEAN PITTARD
1.er Chirurgien de S.t Louis, de Ph. le Hardy, de
Ph. le bel, Chirurg. du Roi au Chât. de Paris, a
formé la Soc.té des Chirurg.s de S.t Côme, et le.r a doné des Statuts

A Paris chez Odieuvre M.d d'Estampes rüe d'Anjoüe d'Auphine.

PITARD, (JEAN)

Chirurgien de S. Louis, de Philippe-le-Hardi & de Philippe-le-Bel;

Né en 1228; il mourut en 1315.

LANFRANC,

Médecin de Milan, Profeſſeur en Chirurgie à Paris en 1296; mort vers le milieu du XIVe ſiecle.

LANFRANC
Professeur en Chirurgie de Paris
au Treizieme Siecle.

PHIL^{pe}. THEOPHRASTE BOMBAST
dit Paracelse
Né à Einstdeln près Zurich en 1493. Mort à
Saltzbourg en 1541.

PARACELSE,

(PHILIPPE AUREOLE THÉOPHRASTE)

dit : BOMBAST D'HOHENHEIM,

MÉDECIN,

Naquit à Einſtdeln, près Zuric, l'an 1493;
mort à Salſbourg en 1541.

LE VASSEUR, (GUILLAUME)

Premier Chirurgien du Roi François I.

Il obtint pour la Chirurgie de Paris, en 1544, les priviléges de l'Univerſité.

GUILLAUME VAVASSEUR
Premier Chirurgien du Roy François I, qui obtint pour la Chirurgie de Paris en l'Année 1544 les Privilèges de l'Université.

NICOLAS MACHIAVEL
Citoyen et Secretaire de Florence
Né à Florence, mort en 1530.

MACHIAVEL, (NICOLAS)

Secrétaire & Hiftoriographe de la Ville de Florence, y naquit à la fin du XVe fiecle. Il a femé dans fes Ouvrages, le germe de principes très-dangereux. Il mourut le 9 Août 1530.

COPERNIC, (NICOLAS)

Né à Thorn, Ville de la Prusse Royale, le 19 Février 1473; Professeur en Mathématiques à Rome, il s'appliqua à l'étude des astres & à l'harmonie des mouvemens célestes, & proposa son système du mouvement particulier à la terre, qu'il fait tourner sur son axe, en joignant à ce mouvement le tour journalier, & un autre annuel; il mourut le 24 Mai 1543.

NICOLAS COPERNIC
Né à Thorn le 19 Février 1473. Mort à Thorn
le 24 Mai 1543.

RAPHAEL SANZIO Peintre,
Né à Urbin en 1483. Mort à Rome en 1520.

RAPHAEL SANZIO,

Surnommé d'Urbin, du nom de la petite Ville où il naquit en 1483, étoit fils de Jean Santi, Peintre fort médiocre; il fut l'émule de Michel-Ange, à qui il difputa le premier rang dans la peinture; il mourut le 6 Avril 1520.

LUCAS DE LEYDE,

Naquit en cette Ville d'Hollande de laquelle il porte le nom, en 1494; il se distingua singuliérement par les Ouvrages qu'il a faits en gravure & en peinture; il mourut en 1533.

LUCAS DE LEYDE
Peintre et Graveur
Né à Leyde en 1494. Mort dans la même Ville en 1533.

BALTAZAR PERUZZI
Peintre et Graveur
Né a Sienne, en 1481. Mort à Rome en
1536.

PERUZZI, (BALTHAZAR)

Naquit à Sienne en 1481; médiocre Peintre, il fut un des plus favans Architectes, & surtout le premier Décorateur qu'ait eu l'Italie; il mourut en 1536.

CALDARA, (POLIDORE)

Surnommé LE CARAVAGE;

Naquit en 1495, au Bourg de ce nom, dans le Milanois; éleve de Raphael, il devint dans la Peinture un des plus grands Maîtres de l'Ecole Romaine; il fut l'émule de Jules le Romain, & mourut en 1543.

PIERRE ARETIN
Né à Arezzo en Toscane, mort environ l'an 1556, agé de 65 ans.

ARETIN, (PIERRE)

Naquit à Arezzo, vers l'an 1491. Il n'est célebre que par des Satyres violentes, où il insulta les premieres têtes du monde; on l'appelloit le fléau des Princes : il mourut en 1556.

… REGNE DE HENRI II.

HOLBEIN,

dit *LE JEUNE*, (JEAN)

PEINTRE,

Né à Basle en 1498; mort à Londres en 1554.

JEAN HOLBEIN Peintre,
Né à Basle en Suisse, en 1498. Mort à Londres,
en 1554.

BARTHELEMY Surnomé BACCIO BANDINELLI Sculpteur et Peintre, Né à Florence en 1487. Mort dans la même Ville en 1559.

BANDINELLI, (BARTHELEMI)

Surnommé Baccio, Sculpteur & Peintre, fils d'un Orfévre de Florence;

Né en 1487; mort en 1559.

BOURDEILLE, (ANDRÉ DE)

Ecrivant au Roi Charles IX.

Il devint Chevalier des Ordres du Roi, Conseiller d'Etat, Sénéchal & Gouverneur du Périgord. Henri III lui accorda l'Abbaye de Brantôme & l'Evêché de Périgueux pour lui & ses successeurs, en considération de ses services & de ceux de sa maison, avec le droit d'y nommer un titulaire à sa volonté, & de jouir de tout le revenu.

ANDRÉ, Vicomte & Baron de BOURDEILLE,
écrivant au Roi CHARLES IX.

LOUIS DE GRENADE.
Religieux Dominiquain,
Né à Grenade, en Espagne, en 1504. Mort le 31 Décemb. 1588.

GRENADE, (LOUIS DE)

DOMINICAIN,

Né à Grenade en 1504; mort le 31 Décembre 1588.

BREUGHEL, (PIERRE)

Surnommé LE VIEUX;

Peintre de sujets grotesques,

Né au Village dont il porte le nom; mort en 1570.

CARRACHE,

Née Boulogne, en 1557. Mort
à Parme, où 1602.

CARRACHE, (AUGUSTIN)

PEINTRE,

Né en 1557, d'Antoine Carrache, Tailleur d'habits; mort en 1602.

CARRACHE, (ANNIBAL)

PEINTRE,

Né en 1560, frere d'Auguſtin; mort en 1609.

ANNIBAL CARRACHE Peintre
Né à Boulogne en 1560. Mort à Rome en 1609.

CARAVAGE,

(MICHEL-ANGE MÉRIGI, dit)

PEINTRE,

Né en 1559; mort en 1609.

BUQUOY,

(CHARLES DE LONGUEVAL, COMTE DE)

Fils de Maximilien, Baron de Vaux, premier Comte de Buquoy, & de Marguerite de l'Isle; mort le 12 Juillet 1621.

CHARLES de LONGUEVAL
Comte de Buquoy,
Tué dans une Bataille, près Neuhausel, le
12 Juillet 1621.

LOUIS DE NOGARET CARDIN.
DE LA VALETTE
Arch. de Toulouse, Lieut. g.ᵃˡ des Armées du Roi,
Mort à Rivoli près de Turin le 28.7.bre 1639 agé de 47 ans.

LA VALETTE,

(LOUIS DE NOGARET DE)

Cardinal, Archevêque de Touloufe, Lieutenant Général des Armées du Roi,

Troifiéme fils de Jean-Louis de la Valette, Duc d'Epernon, & de Marguerite de Foix, Comteffe de Candale; né en 1592; Cardinal le 11 Janvier 1621; mort le 28 Septembre 1639.

BERULLE, (PIERRE DE)

CARDINAL,

Né le 14 Février 1575, de Claude de Berulle, Conseiller au Parlement de Paris, & de Louise Séguier, fille de Pierre Séguier, Président à Mortier au même Parlement. Fondateur de la Congrégation de l'Oratoire de France en 1611, Cardinal en 1627; mort le 2 Octobre 1629.

PIERRE DE BERULLE
Cardinal et Fond.^r de la Congreg.^{on} de l'Oratoire,
Né en 1575. Mort le 2 Octobre. 1629.

PHILIPPE COSPEAN
Evêque de Lizieux, en 1637.

COSPEAN ou COSPEAU,

(PHILIPPE)

Evêque d'Aires, de Nantes & de Lisieux,

Né en 1568; mort en 1646.

GRILLIÉ, (NICOLAS)

Evêque d'Uzès en 1635; mort en 1660.

NICOLAS GRILLIÉ
Evêque d'Uzés

Saint François de Sales.

FRANÇOIS DE SALES, (S.)

Evêque & Prince de Genève, Inftituteur de l'Ordre de la Vifitation;

Né le 21 Août 1567; Evêque de Genève en 1602; Inftituteur de l'Ordre de la Vifitation en 1610; mort le 28 Décembre 1622; canonifé en 1665.

VINCENT DE PAUL, (S.)

Inſtituteur de la Congrégation de la Miſſion & des Filles de la Charité,

Naquit le 24 Avril 1576, au Diocèſe d'Acqs; il fut ordonné Prêtre en 1600 & pourvu d'une Cure; il paſſa enſuite dans la Maiſon de Gondi, & forma les premieres années du Cardinal de Retz; en 1622 il s'attacha à la converſion des Galériens à Marſeille, & depuis à Bordeaux; il forma enſuite différens établiſſemens pour l'inſtruction des campagnes & la réforme des mœurs; il mourut le 27 Septembre 1660, & fut canoniſé le 16 Juin 1737.

B. H. VINCENT DE PAUL
Inst. de la Cong. des Missions.
Né à Poui, près d'Acqs, en 1576.
Mort à Paris, le 27. Septembre 1660.

MADEMOISELLE LE GRAS
*Fondatrice, et première Super.^e de la
Charité, Servante des pauvres Malades,
decedée à Paris, le 15 Mars 1660. Agée de 68 as*

MARILLAC, (LOUISE)

Naquit à Paris le 12 Août 1591 ; elle épousa en 1613, Antoine Legras, dont elle resta veuve en 1625 ; elle concourut avec S. Vincent de Paul à ses projets, & il la chargea en 1633, de la conduite des Sœurs de la Charité, dont elle fut la première Supérieure ; elle fit différens établissemens de charité ; & mourut à Paris le 15 Mars 1660.

PHILARAS, (LÉONARD)

Savant illuftre, Envoyé du Duc de Parme à la Cour de Louis XIII.

LEONARD PHILARAS
Sçavant Illustre,
Né à Athenes, Envoyé du Duc de Parme à la Cour de Louis XIII

Agatha Castillionea uxor Claudii Domini de Marolles et
parens Michaelis de Marolles Abbatis de Villeloin ann. 59.
Nata moritur 3. Id. Aug. ann. Dni 1630

CHATILLON, (AGATHE DE)

Naquit en 1571; elle étoit mere de Michel de Marolles, dont nous avons les Mémoires; morte en 1630.

BLACVOD, (HENRI)

Médecin de la Faculté de Paris; mort le 17 Septembre 1634.

Ecossois d'Origine. Né à Paris. Mort à Rouen le 17. 7.bre 1634.

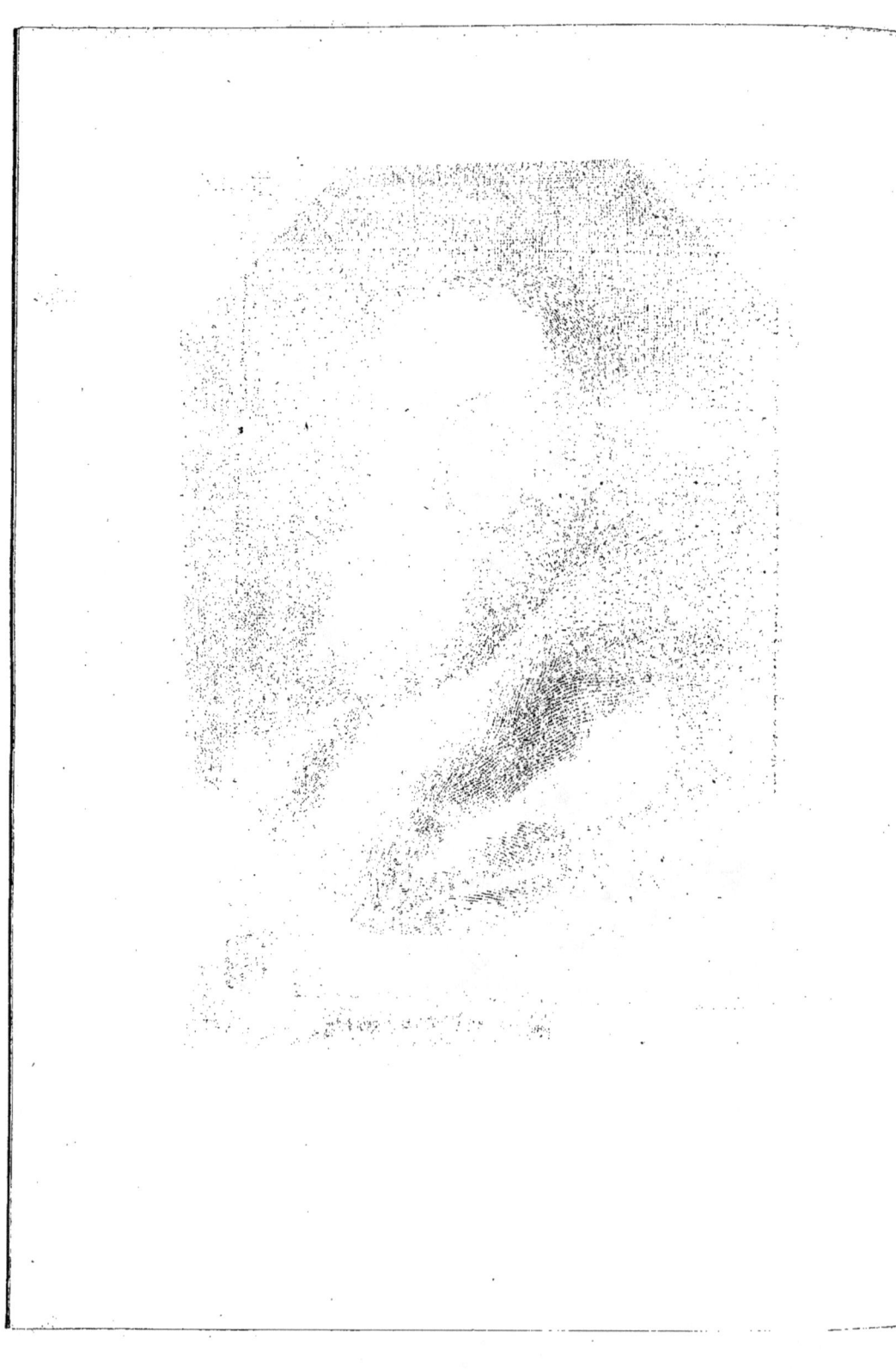

GOLTZIUS, (HENRI)

PEINTRE ET GRAVEUR;

Fils de Jean, Peintre fur verre; né en Février 1558; mort en 1617.

LANFRANC, (JEAN)

PEINTRE,

Né en 1581; mort en Novembre 1647.

ALGARDI,

ALGARDI, (ALEXANDRE)

SCULPTEUR,

Fils de Joseph Algardi, Marchand de Soie à Boulogne;

Né en 1602, mort le 10 Juin 1654.

FRESCOBALDI, (JÉRÔME)

L'un des plus célebres Organistes d'Italie, & peut-être de l'Europe, naquit à Ferrare, vers l'année 1581; il mourut dans le milieu du XVIIe siecle.

Romæ sup. p.m.   Cl. Mellan Gall. del. et sculp.
RAPHAEL MENICVCIVS
Celeberrimus in vtroq. orbe terrarum.

MENICUCCIUS, (RAPHAEL)

CÉLEBRE BOUFFON,

Naquit dans la petite Ville du Mont S. Sabin, en Italie; il mourut en 1640.

LOUIS XIV,

ROI DE FRANCE ET DE NAVARRE.

(En habit militaire.)

Louis le Grand

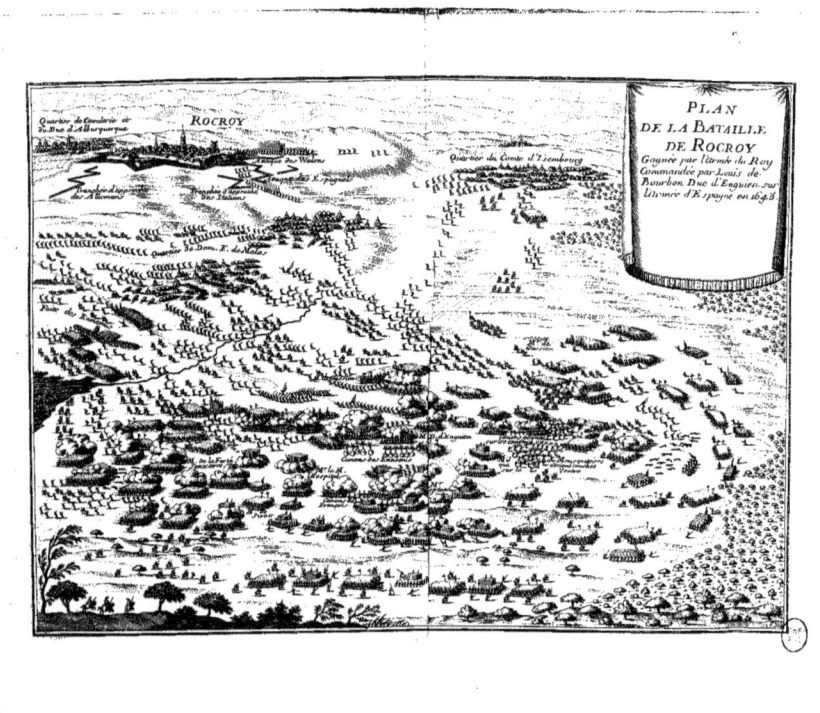

BATAILLE DE ROCROY,

Gagnée par l'armée du Roi, commandée par Louis de Bourbon, Duc d'Enguien, (depuis, le Grand Condé) fur l'armée d'Efpagne, le 19 Mai 1643, ayant fous lui le Maréchal de l'Hôpital, Gaffion & la Ferté, qui furent depuis Maréchaux de France.

MÉDAILLES.

1644.
Fusis ad Friburgum Bavaris.

Bataille de Fribourg, dans laquelle les Bavarois, alliés de l'Empereur, furent défaits par le Prince de Condé & le Maréchal de Turenne.

1645, 3 Août.
Pugna ad Norlingam.

Bataille de Norlingue, dans laquelle Condé défit les Impériaux, & Merci, leur Général, fut tué.

1647.
Scholæ Augustæ.

Etabliſſement de l'Académie Royale de Peinture & Sculpture à Paris & à Rome.

1648.
Pax Monaſter.

Paix de Munſter en Weſtphalie.

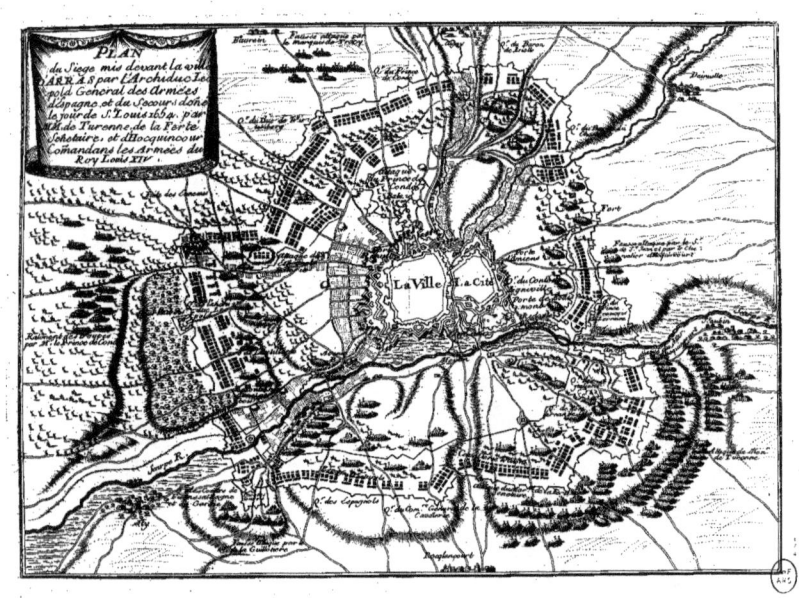

SIÉGE D'ARRAS.

Ce siege fut mis par l'Archiduc Léopold, Général des armées d'Espagne, & levé par le secours donné le 25 Août 1654, par MM. de Turenne, de la Ferté Senectaire & d'Hocquincourt, commandant les armées du Roi.

BATAILLE DES DUNES,
PRÈS DUNKERQUE,

Gagnée par l'armée du Roi, commandée par le Vicomte de Turenne, fur l'armée d'Efpagne, commandée par Don Juan d'Autriche, le 4 Juin 1658.

MÉDAILLES.

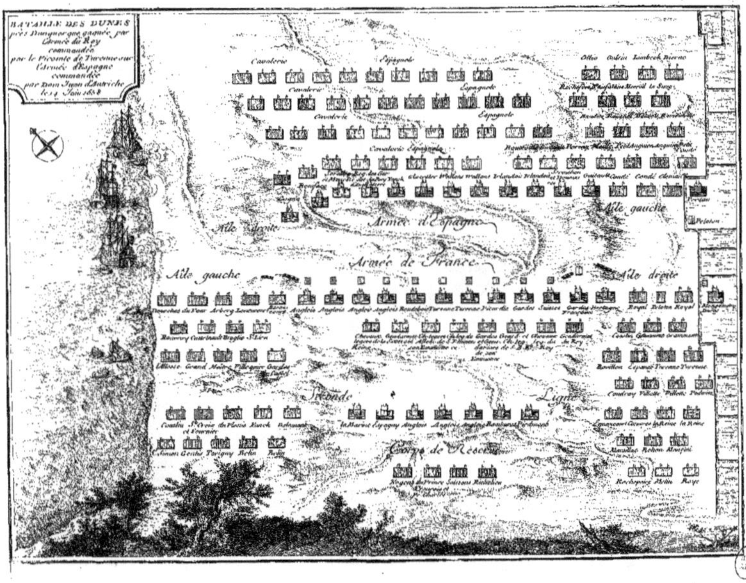

MÉDAILLES.

1663, 4 Septembre.

Marfallum captum.

Marfal remis au Roi.

1664.

Ob nefandum fcelus à Corfis editum in Oratorem Regis Franciæ.

Pyramide élevée en punition de l'attentat des Corfes.

1666.

Adfertori fecuritatis publicæ.

Le nombre des Archers qui compofent la garde du Guet ayant été augmenté des deux tiers, & les brigades de la Maréchauffée doublées.

1668.

Violatæ majeftatis monumentum abolitum.

La Pyramide des Corfes abattue.

MÉDAILLES.

1669.

Ob restitutam Ecclesiæ concordiam.

La concorde rétablie dans l'Eglise Gallicane par les brefs de Clément IX.

1669.

Urbs novo lapide strata.

Découverte des nouvelles carrieres de pierres.

1670.

Ornatá & ampliatá urbe Lutetiá.

Embellissement & agrandissement de Paris; on y voit représentées les portes S. Martin & S. Denis.

Le Passage du Rhin.

PASSAGE DU RHIN

Vers Thouluis, le 12 Juin 1672.

Le premier qui paſſa à la nage fut le Comte de Guiche, à la tête des Cuiraſſiers, commandés par le Comte de Revel : le jeune Duc de Longueville, qui avoit paſſé le Rhin, fut tué par ſon imprudence, à l'âge de 24 ans, & fut cauſe d'une bleſſure que M. le Prince de Condé y reçut à la main.

PLAN DE MASTRICHT.

Cette Ville fut affiégée par l'armée du Roi, commandée par Sa Majefté en perfonne, le 17 Juin 1673, & réduite à fon obéiffance le 30 du même mois. Quoique ce fiege n'ait duré que 13 jours, il eft mémorable par les actions réciproques de valeur des affiégeans & des affiégés.

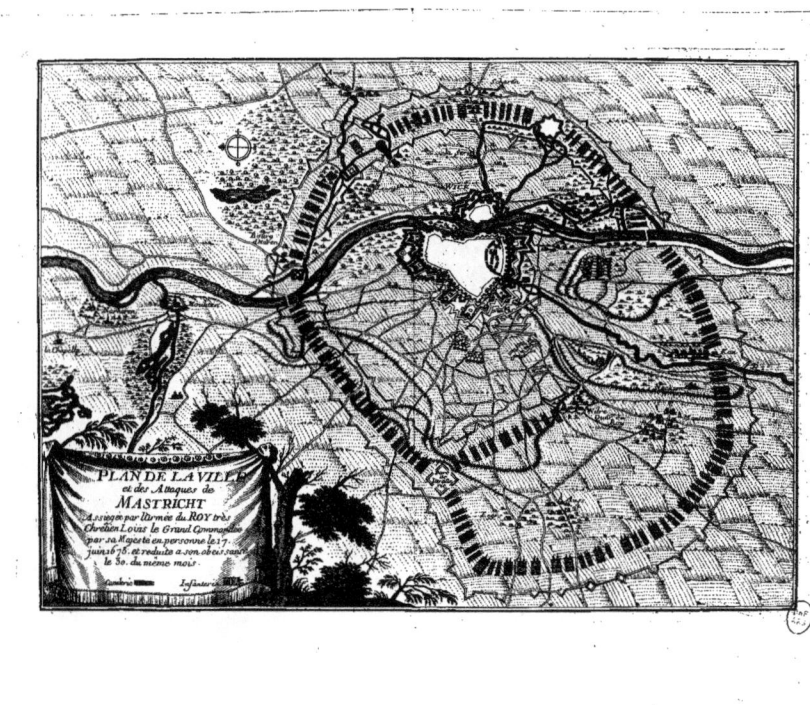

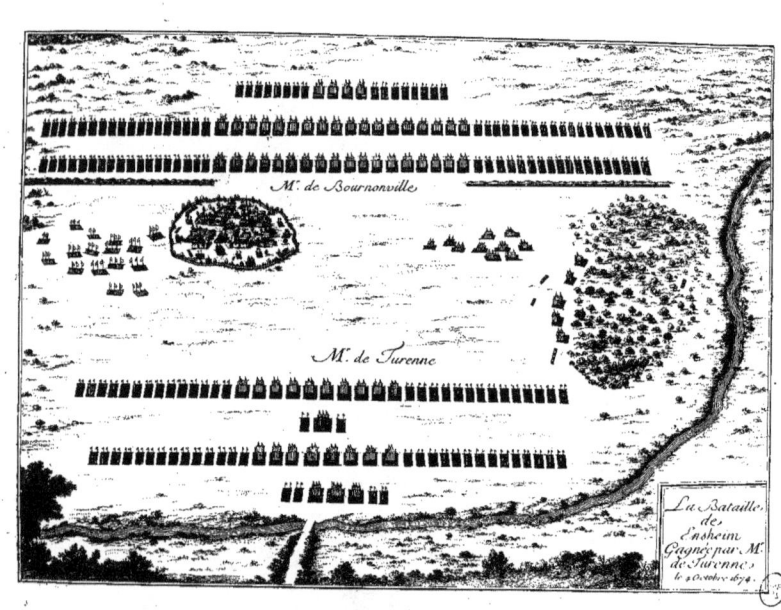

BATAILLE D'ENSHEIM,

PRÈS DE STRASBOURG,

Gagnée par M. de Turenne le 4 Octobre 1674, avec une armée qui n'étoit que de 22000 hommes, contre celle des Impériaux, qui étoit de 40000. Churchill (depuis Marlboroug) s'y diftingua : M. de Bouflers eut grande part à cette journée.

MÉDAILLES.

1675.

Joanne Poloniæ Rege torque donato.

Jean Sobieski, Roi de Pologne, fait Chevalier des Ordres du Roi.

1676.

Victoria Panormitana.

Combat naval à Palerme, dans lequel le Duc de Vivone défit les flottes d'Hollande & d'Espagne.

1678.

Pace in leges suas confectâ.

Paix de Nimegue, faite le 10 Août, aux conditions prescrites par le Roi.

1682.

Fiscus causâ cadens.

Les Gens d'Affaires ayant prétendu que les maisons bâties sur les anciennes fortifications de Paris appartenoient au Roi, & ayant traité des droits de Sa Majesté, & fait des avances considérables sur les sommes qui devoient lui en revenir; les voix se trouvant partagées, le Roi décida contre ses propres intérêts en faveur de ses peuples, & ordonna qu'on rendît aux traitans tout l'argent qu'ils avoient avancé.

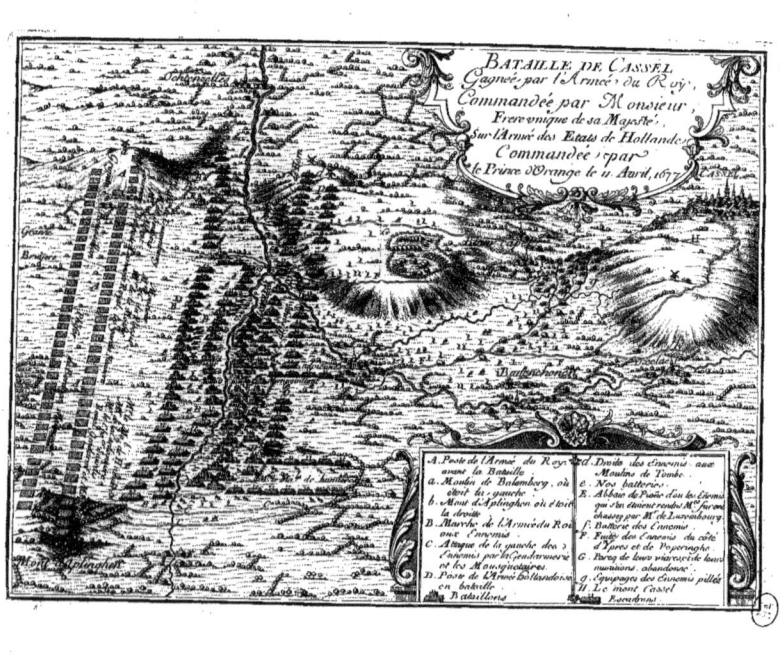

BATAILLE DE CASSEL,

du 11 Avril 1677.

L'armée du Roi, commandée par Monfieur, frere unique de Sa Majefté, ayant fous lui les Maréchaux d'Humieres & de Luxembourg, y défit l'armée des Etats d'Hollande, commandée par le Prince d'Orange.

PLAN DE GÊNES.

Attaques de cette Ville & du Fauxbourg de S. Pierre d'Arène, par l'armée Navale du Roi, commandée par le Marquis du Quefne, le 24 Mai 1684.

PLAN

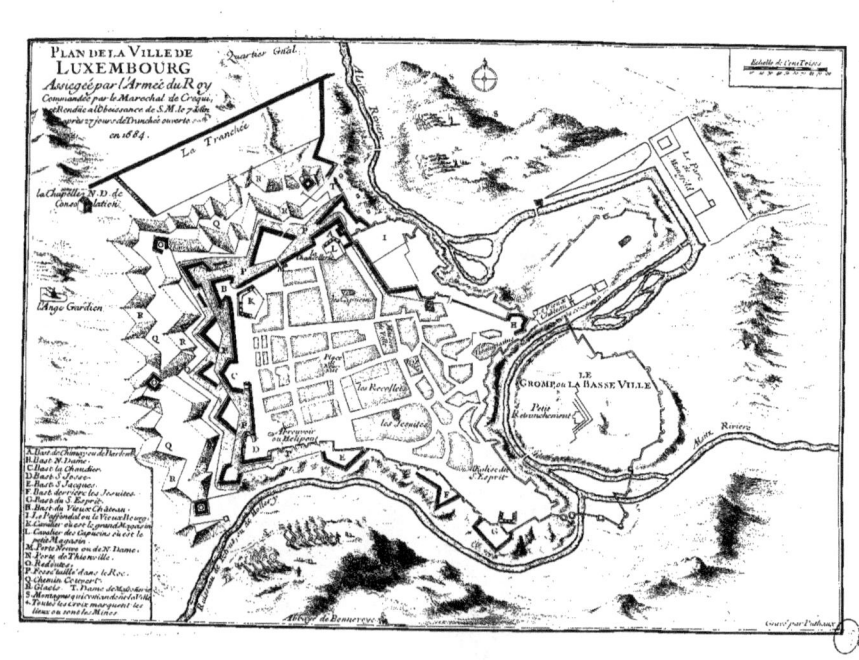

PLAN DE LUXEMBOURG.

Cette Ville fut assiégée par l'armée du Roi, commandée par le Maréchal de Créqui, & rendue à l'obéissance de Sa Majesté le 7 Juin 1684, après 27 jours de tranchée ouverte.

MÉDAILLES.

1685.
Hæresis extincta.

L'hérésie éteinte par le fameux Edit du 22 Octobre 1685, qui révoque l'Edit de Nantes.

1685.
Templis Calvinianorum eversis.

Les Temples des Calvinistes démolis.

1686.
V. Saturni Satellites.

La découverte des Satellites de Saturne, & du cours de ces cinq planetes.

1686.
Vota Galliæ.

Vœux de la France pour le rétablissement de la santé du Roi.

1687.
Gallia voti compos.

La France exaucée par la guérison du Roi.

1693.
Ordo Militaris Sancti Ludovici à Ludovico magno institutus.

Institution de l'Ordre Militaire de S. Louis.

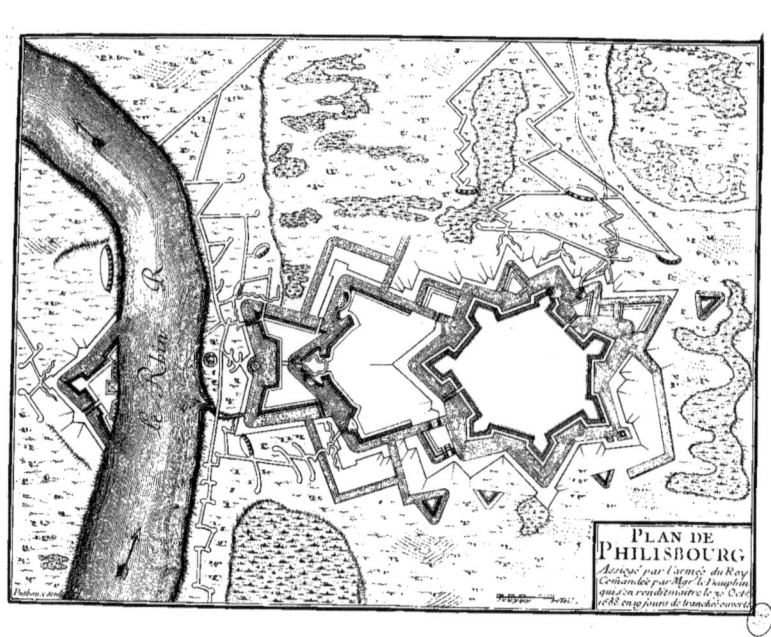

PLAN DE PHILISBOURG.

Il fut assiégé par l'armée du Roi, commandée par le Grand Dauphin, qui s'en rendit maître le 30 Octobre 1688, en 19 jours de tranchée ouverte, ayant sous lui le Maréchal de Duras pour commander, & M. de Vauban pour la direction du siege.

PLAN DE MAYENCE.

Cette Ville fut assiégée par l'armée de l'Empereur, commandée par le Duc de Lorraine, & défendue par le Marquis d'Huxelles, qui, manquant d'armes & de poudre, fut obligé de capituler le 8 Septembre 1689, après six semaines de tranchée ouverte.

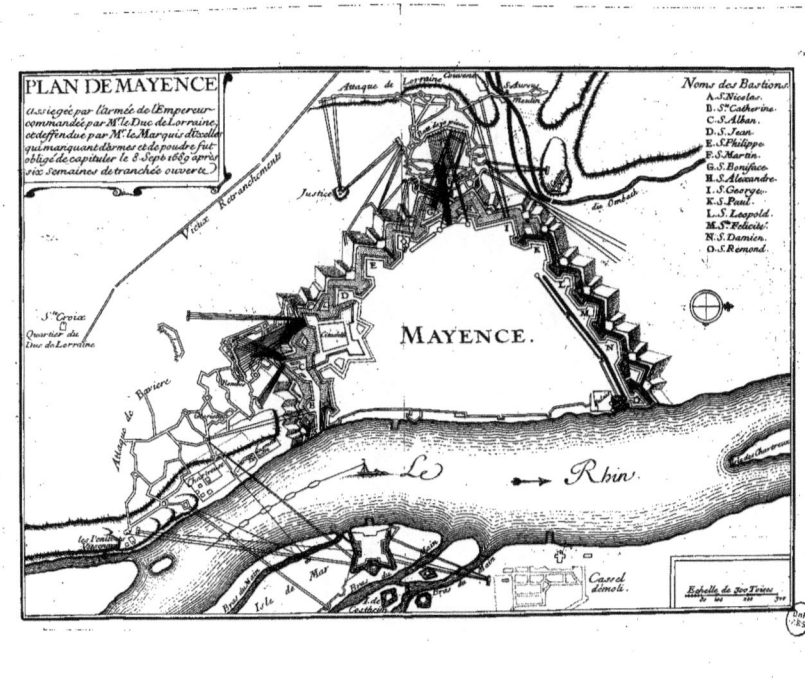

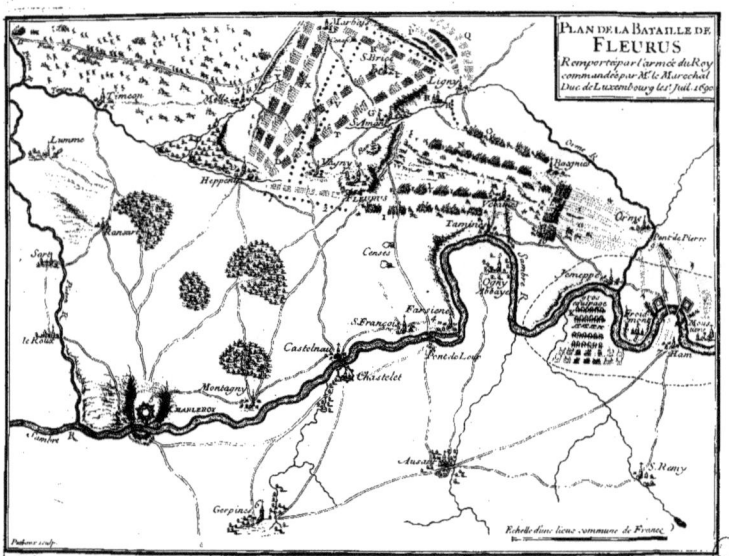

BATAILLE DE FLEURUS,

près de Charleroi.

Elle fut gagnée le premier Juillet 1690, par l'armée du Roi, commandée par le Maréchal de Luxembourg, auquel s'étoit joint M. de Bouflers, contre le Prince de Valdec, commandant les troupes Hollandoises.

PLAN DE MONS.

Il fut investi par M. de Bouflers, défendu par le Prince de Bergue, & pris par le Roi en personne, le 9 Avril 1691, après 16 jours de tranchée ouverte, accompagné de tous les Princes, & ayant sous lui les Maréchaux de Luxembourg & de la Feuillade.

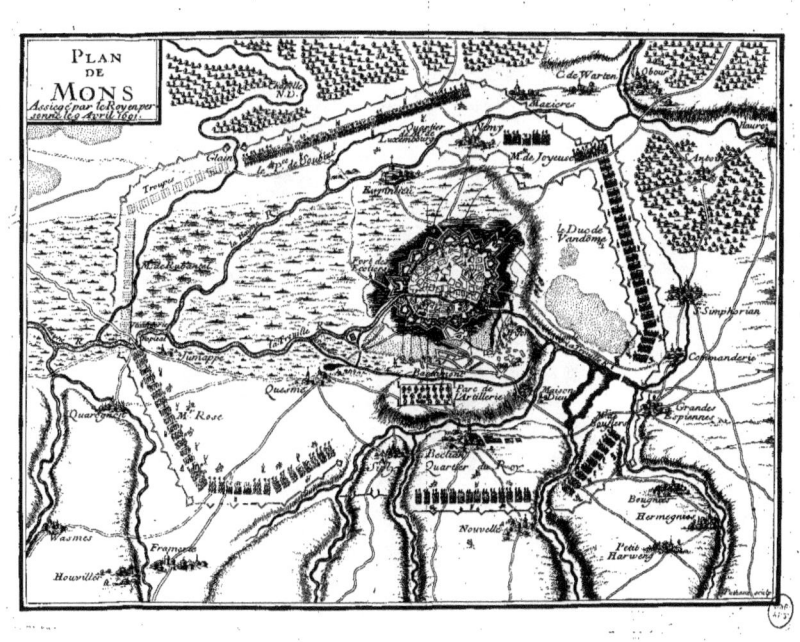

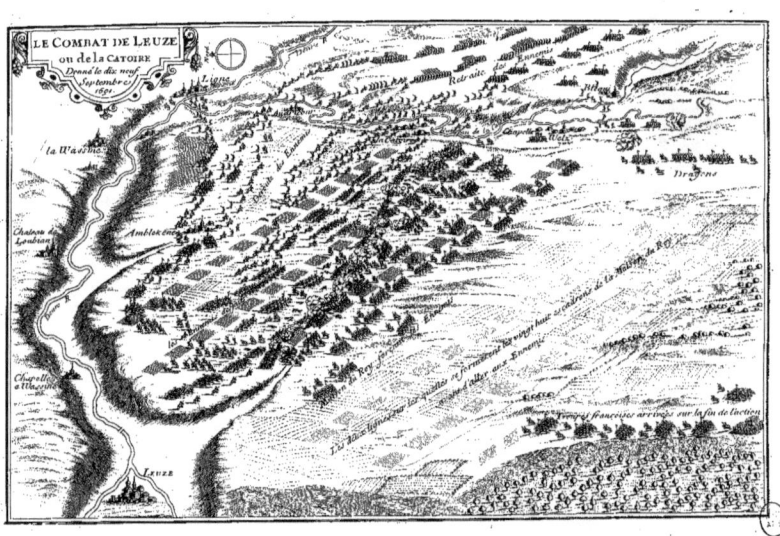

COMBAT DE LEUZE
ou DE LA CATOIRE.

Le Maréchal de Luxembourg y battit l'arriere-garde de l'armée du Prince d'Orange, commandée par le Prince de Valdec, le 19 Septembre 1691. La maison du Roi & la Gendarmerie s'y diftinguerent. M. de Luxembourg n'avoit que 28 efcadrons contre 75.

PLAN DE NICE.

Cette Ville & la Citadelle furent assiégées par M. le Maréchal de Catinat, & rendues au Roi le 2 Avril 1690.

PLAN

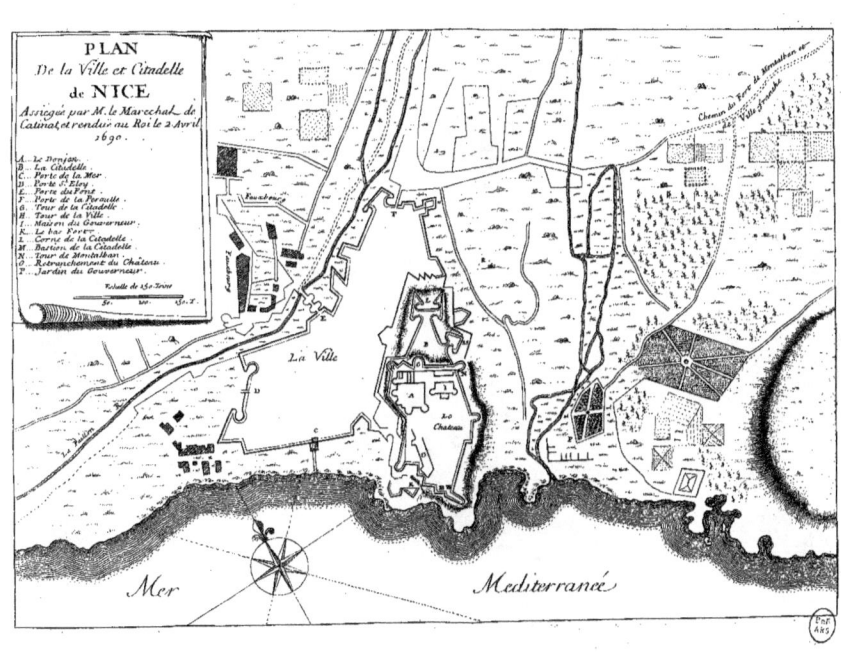

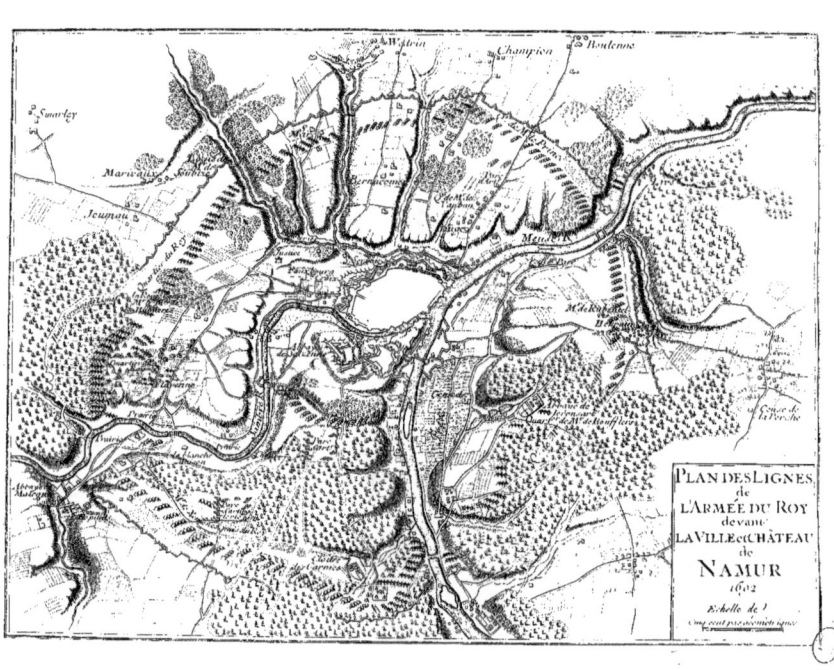

PLAN DE NAMUR.

Ce plan repréfente les lignes de l'armée du Roi devant cette Ville & fon Château ; la Ville fut prife le 5 Juin 1692, par le Roi, commandant en perfonne, & le Château le 30. Le Prince d'Orange & l'Electeur de Baviere voulurent en vain la fecourir, ils en furent empêchés par le Maréchal de Luxembourg, qui couvrait le fiege.

GUILLAUME III
DE NASSAU,

Prince d'Orange, Stathouder de Hollande, Roi d'Angleterre, d'Ecoffe & d'Irlande;

Né le 14 Novembre 1650, de Guillaume de Naffau, Prince d'Orange, & de Marie Stuart, fille aînée de Charles I, Roi d'Angleterre, & d'Henriette Marie de France, fille d'Henri IV; Stathouder le 24 Février 1672; marié en 1677, à Marie Stuart fille aînée de Jacques II; reconnu Roi d'Angleterre par le traité de Rifwich, en 1697; couronné à Londres avec la Princeffe Marie, au mois d'Avril 1699; mort le 19 Mars 1702.

GUILLAUME III.
Roi d'Angleterre,
d'Ecosse et d'Irlande Prince d'Orange,&c.
Né le 14 9bre 1650. Mort le 19 Mars 1702.

MAXIMILIEN EMANUEL,
Duc de Baviere Electeur &c.
Né le 10 Juillet 1662. Mort le 26 Fevrier 1726.

MAXIMILIEN-EMMANUEL,

DUC DE BAVIERE,

Fils de Ferdinand-Marie, Duc de Baviere, & d'Henriette-Adélaïde de Savoye;

Né le 10 Juillet 1662; mort le 26 Février 1726.

COMBAT DE STEINKERKE.

Le Maréchal de Luxembourg, accompagné de M. le Duc de Chartres, de M. le Duc, de M. le Prince de Conti, de MM. de Vendôme, &c. y défit le Prince d'Orange, le 3 Août 1692.

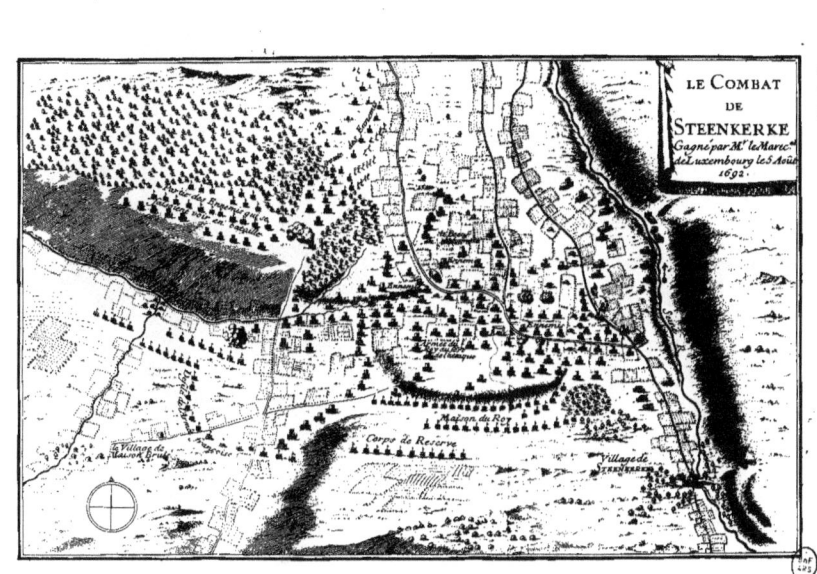

FRANC. LOUIS DE BOURBON
Prince de Conty
Né le 30 Avril 1664. Mort le 22 Février 1709.

CONTI,

(FRANÇOIS-LOUIS DE BOURBON, PRINCE DE)

Né le 30 Avril 1664, d'Armand de Bourbon, Prince de Conti, & d'Anne-Marie Martinozzi, niece du Cardinal Mazarin; connu d'abord fous le nom de Prince de la Roche-fur-Yon; mort le 22 Février 1709.

CAMP DEVANT ROSES.

Cette Ville fut assiégée par l'armée du Roi, commandée par le Maréchal de Noailles, qui s'en rendit maître le 9 Juillet 1693.

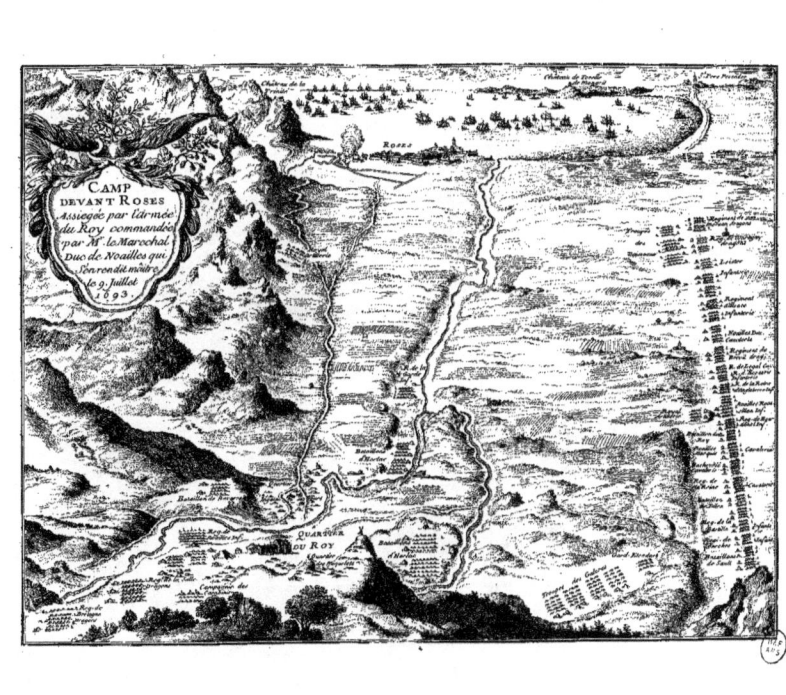

NOAILLES,
(ADRIEN-MAURICE DE)

Né le 29 Septembre 1678, d'Anne-Jules, Duc de Noailles, Pair & Maréchal de France, & de Marie-Françoise de Bournonville. Fit sa premiere campagne sous son pere, en qualité de Mousquetaire en 1693; à la fin de 1700, il fut choisi pour accompagner en Espagne Philippe V, duquel il reçut l'Ordre de la Toison d'Or. Brigadier en 1702; Maréchal des camps en 1704, & Lieutenant Général en 1706; Duc & Pair en 1708; il fut nommé Grand d'Espagne de la premiere classe en 1711; ensuite placé à la tête du Conseil des Finances en 1715, d'où il passa à celui de la Régence en 1718; Chevalier des Ordres du Roi en 1724; pendant le siege de Philisbourg, il fut fait Maréchal de France; Général en Italie en 1735; Ministre d'Etat en 1743; Ambassadeur extraordinaire en 1746; mort le 24 Juin 1766.

BATAILLE DE NERWINDE.

Elle fut gagnée par l'armée du Roi, commandée par le Maréchal de Luxembourg, le 29 Juillet 1693, fur celle des Alliés, commandée par le Prince d'Orange & le Duc de Baviere.

CAMPEMENT

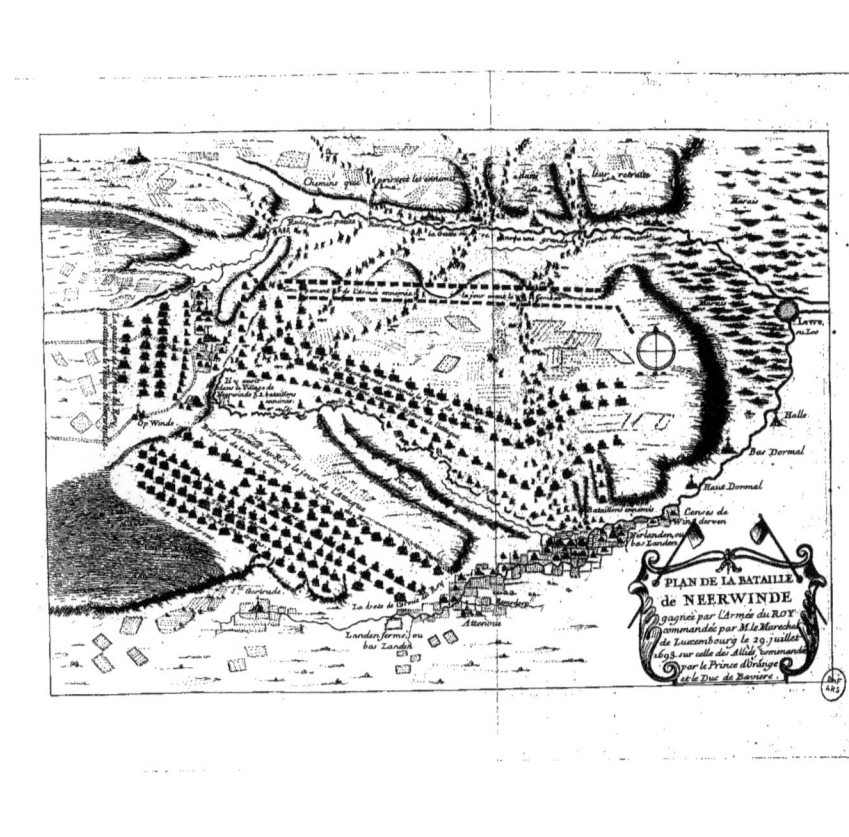

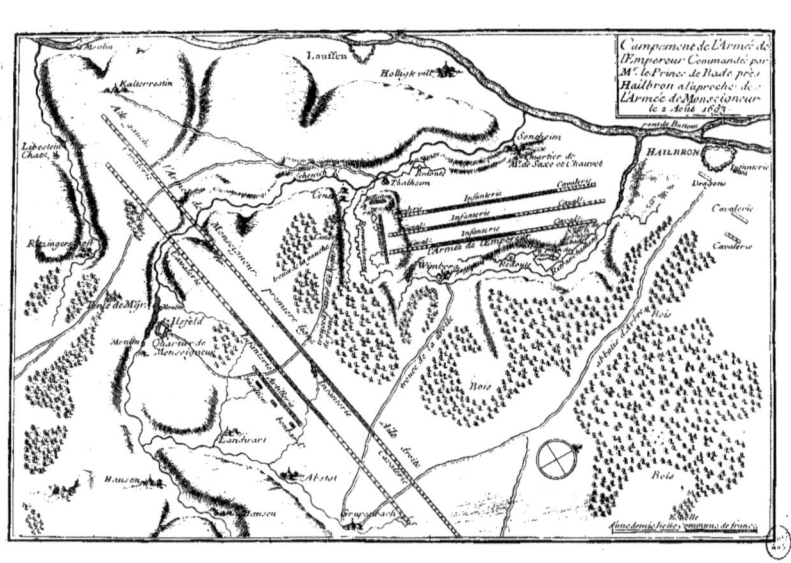

CAMPEMENT
SOUS HAILBRON.

Ce plan repréfente le campement de l'armée de l'Empereur, commandée par M. le Prince de Bade, à l'approche de l'armée de Monfeigneur, le 2 Août 1693, dont l'attaque fut jugée impoffible.

BATAILLE

DE LA MARSAILLE.

Le Duc de Savoye, commandant l'armée des Alliés, y fut défait par l'armée du Roi, commandée par le Maréchal de Catinat, le 4 Octobre 1693.

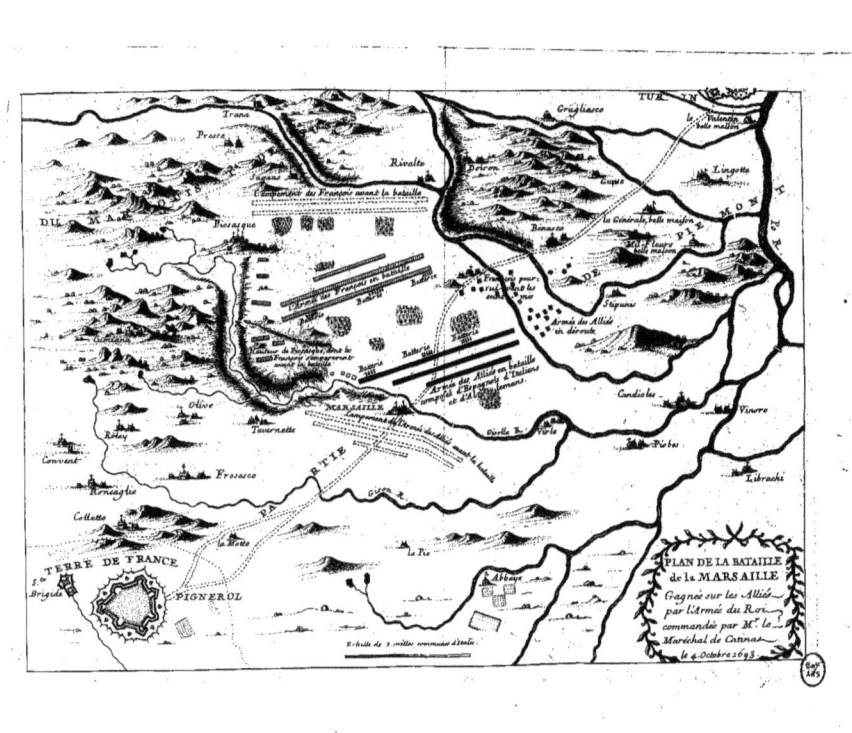

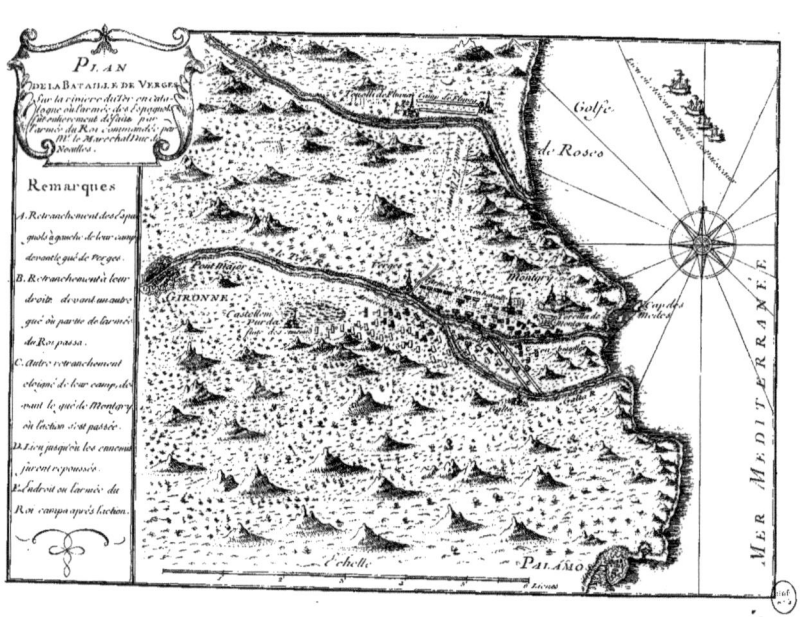

BATAILLE DE VERGES,

Sur la riviere du Ter, en Catalogne.

L'armée des Espagnols y fut totalement défaite par l'armée du Roi, commandée par le Maréchal de Noailles, le 27 Mai 1694.

PLAN DE GIRONNE.

Ce plan repréfente les attaques qui y furent faites pendant le fiege du 29 Juin 1694, par le Maréchal de Noailles.

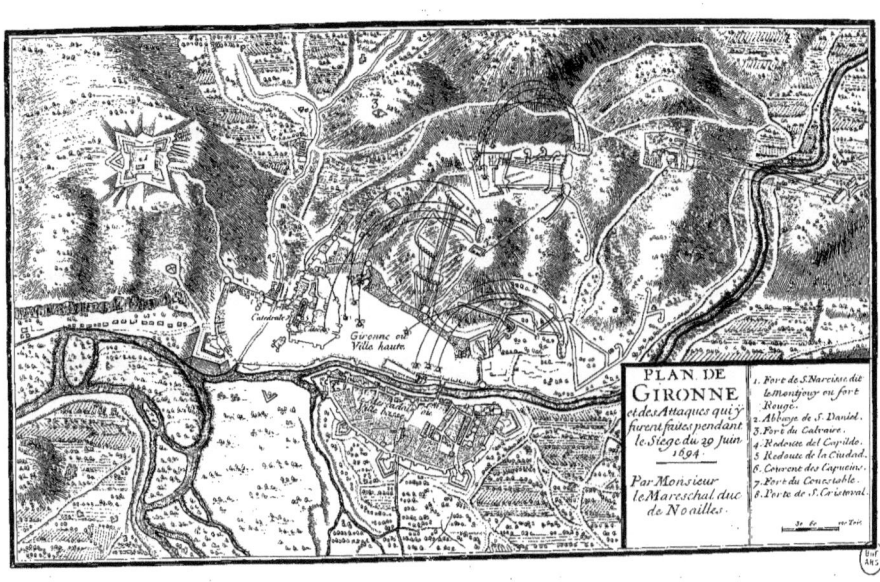

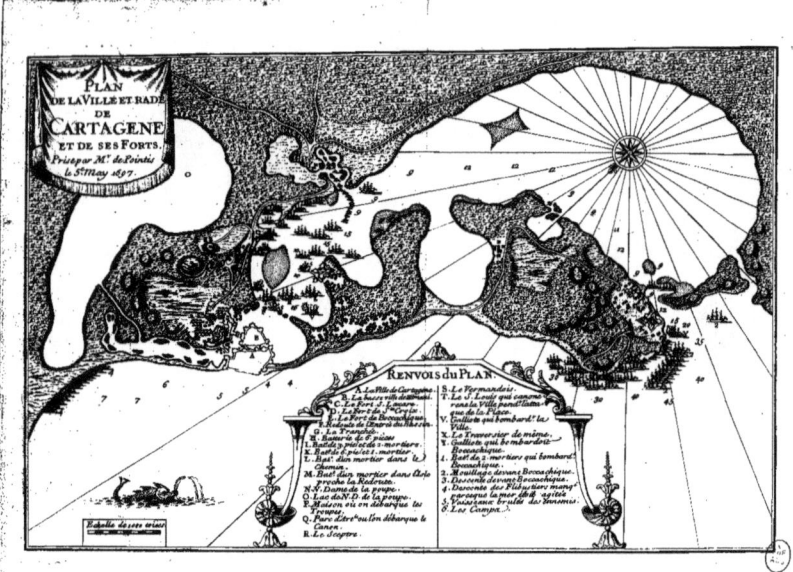

PLAN DE CARTHAGÊNE,

EN AMÉRIQUE.

Ce plan repréfente la ville, la rade & fes forts. Elle fut prife par M. de Pointis, le 5 Mai 1697.

PLAN D'ATH.

Cette Ville fut prise par l'armée du Roi, commandée par le Maréchal de Catinat, le 5 Juin 1697.

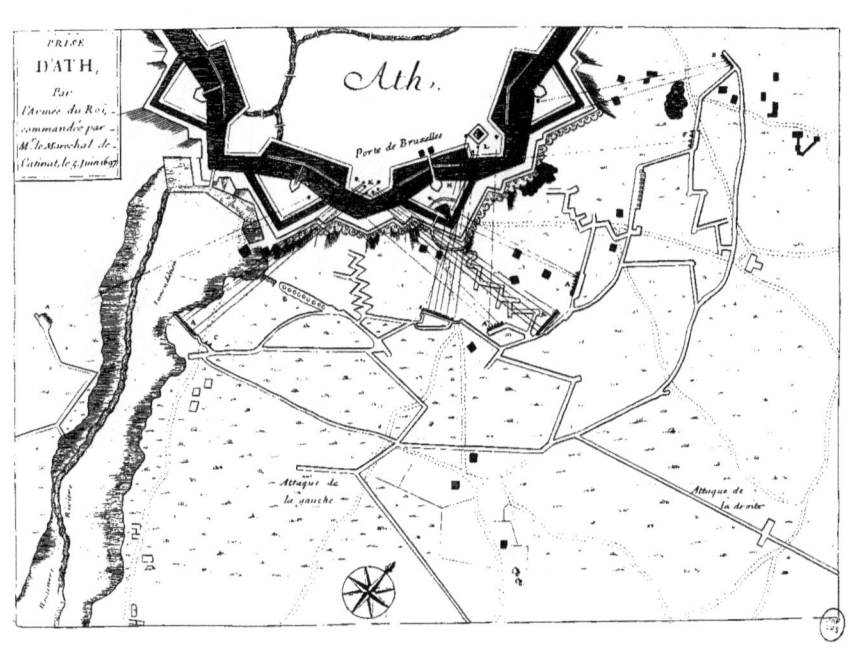

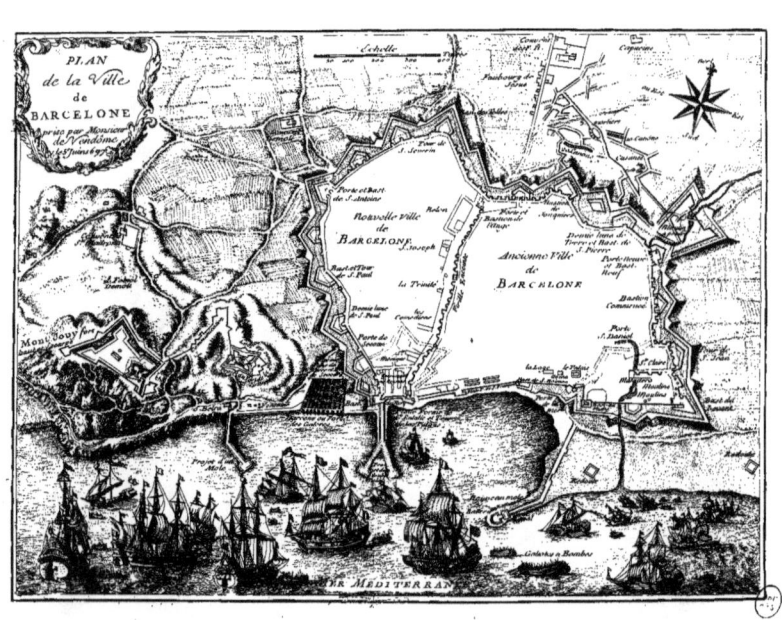

PLAN DE BARCELONNE.

Elle fut affiégée par M. de Vendôme, défendue par le Prince de Darmsftadt, inveftie par mer par le Comte d'Eftrées & le Bailli de Noailles, prife après cinquante-deux jours de tranchée ouverte, le 10 Août 1697.

PLAN DE CRÉMONE.

Cette Place fut attaquée par le Prince Eugène la nuit du 31 Janvier au premier Février 1702, & il en fut chassé sur le champ par la valeur des François & des Irlandois : le Maréchal de Villeroi y fut fait prisonnier.

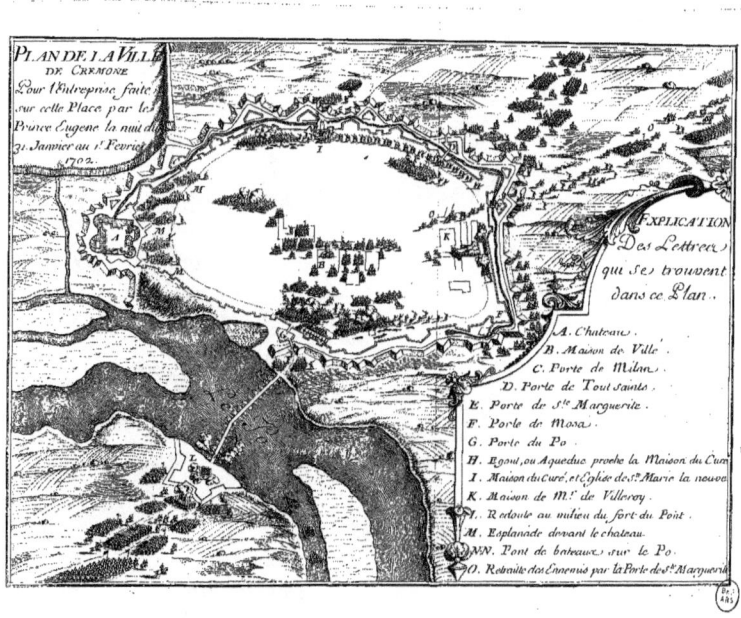

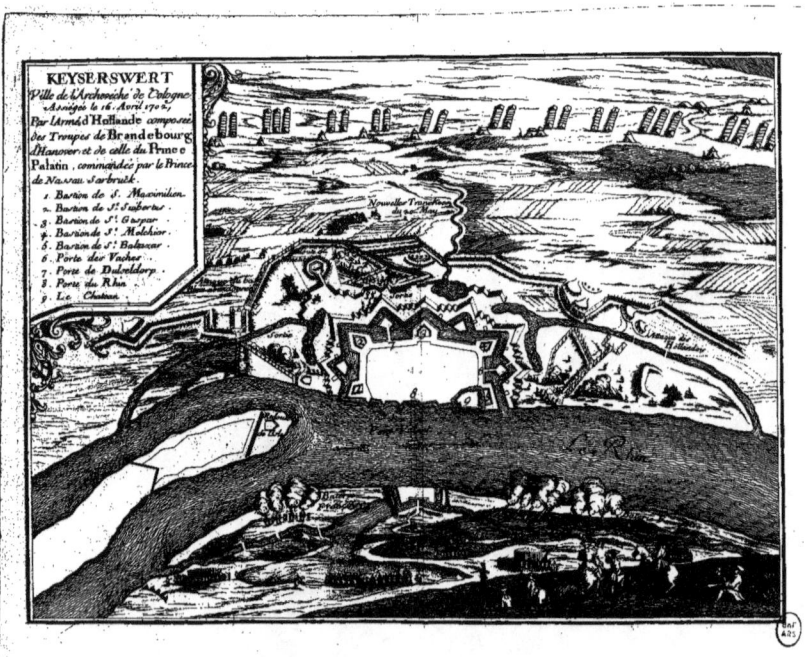

PLAN DE KEYSERSWERT.

Cette Ville, de l'Archevêché de Cologne, fut assiégée le 16 Avril 1702, par l'armée de Hollande, composée des troupes de Brandebourg, d'Hanover, & de celles du Prince Palatin, commandée par le Prince de Nassau-Sarbruck, & fut rendue par M. de Blainville, après cinquante-neuf jours de tranchée ouverte.

BATAILLE DE LUZZARA,

DONNÉE LE 25 AOUT 1702.

Le Roi d'Espagne y étoit en personne. Le Prince Eugène commandoit l'armée Impériale. Cette bataille dont les deux partis s'attribuerent l'honneur, occasionna la prise de Luzzara & de Guastalle.

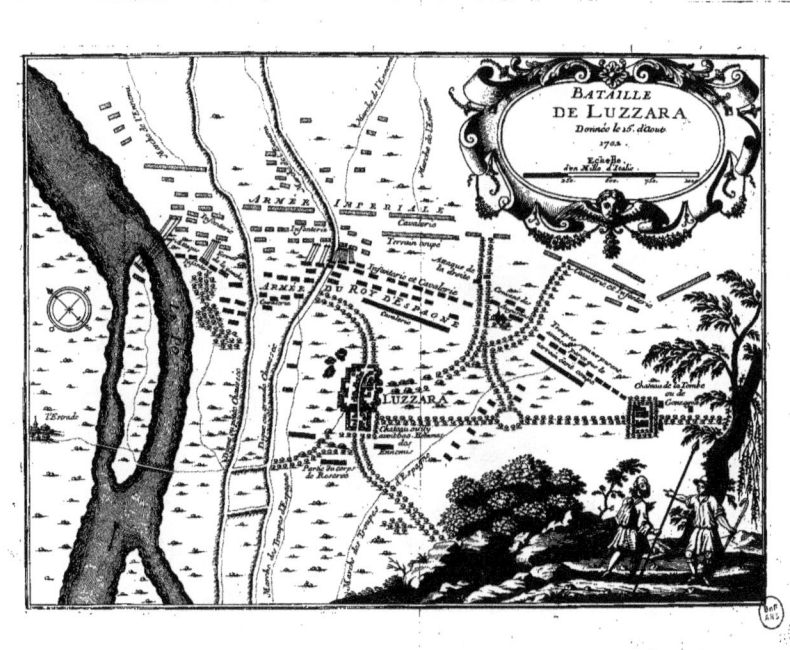

PHILIPPE V,

DUC D'ANJOU,

Second fils de Louis, Dauphin de France, & de Marie-Anne de Baviere; né le 19 Décembre 1683; appellé au trône d'Espagne par le testament de Charles II, du 2 Octobre 1700; déclaré Roi d'Espagne le 24 Novembre de la même année; abdiqua la couronne en 1724, en faveur de Louis, son fils aîné, lequel étant mort, il remonta sur le trône; mort le 12 Juillet 1746.

PLAN DE LANDAW.

Cette Ville fut défendue par M. de Mélac près de quatre mois, & rendue enfin au Roi des Romains le 11 Septembre 1702.

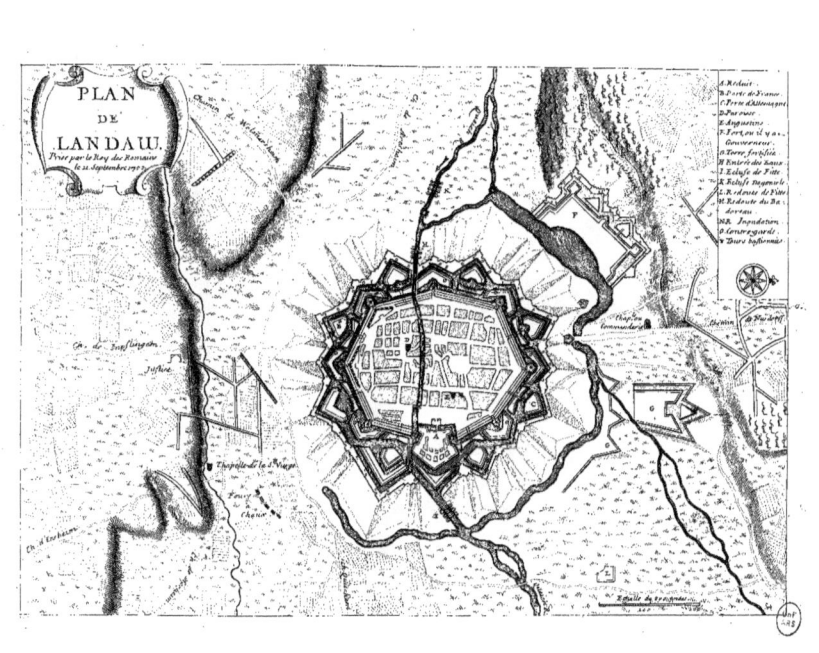

JOSEPH.
Commence a regner le 5. May 1705.
Mort le 17. Avril 1711.

JOSEPH I,

EMPEREUR,

Né le 28 Juillet 1678, de l'Empereur Léopold I, & de Eléonore-Magdeleine-Thérèse de Neubourg; couronné Roi de Hongrie le 9 Décembre 1687, & élu Roi des Romains le 24 Janvier 1690; monta sur le trône Impérial le 5 Mai 1705; mourut le 17 Avril 1711.

BATAILLE
DE FREDELINGUE.

L'armée des Impériaux, commandée par le Prince Louis de Bade, y fut défaite par l'armée du Roi, commandée par le Marquis de Villars, le 14 Octobre 1702. Cette victoire lui valut le bâton de Maréchal de France.

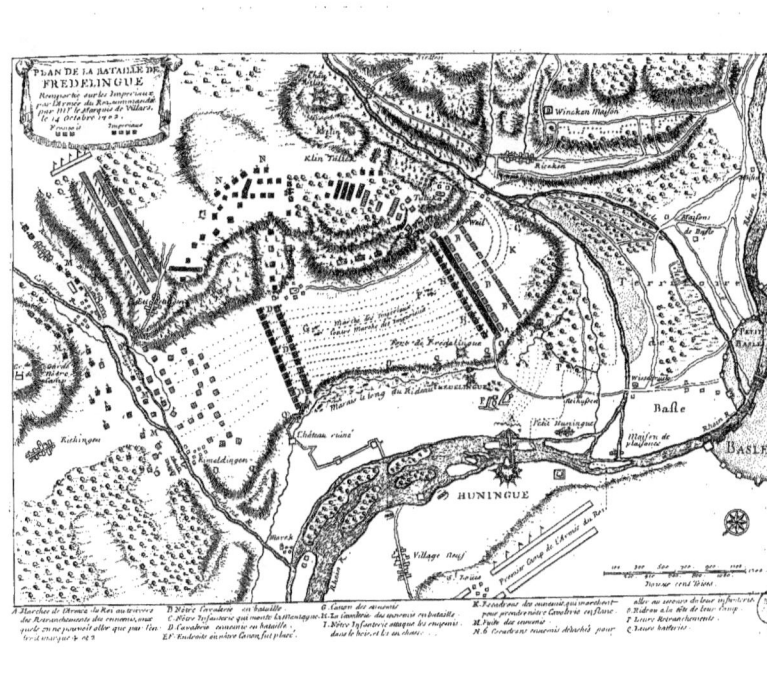

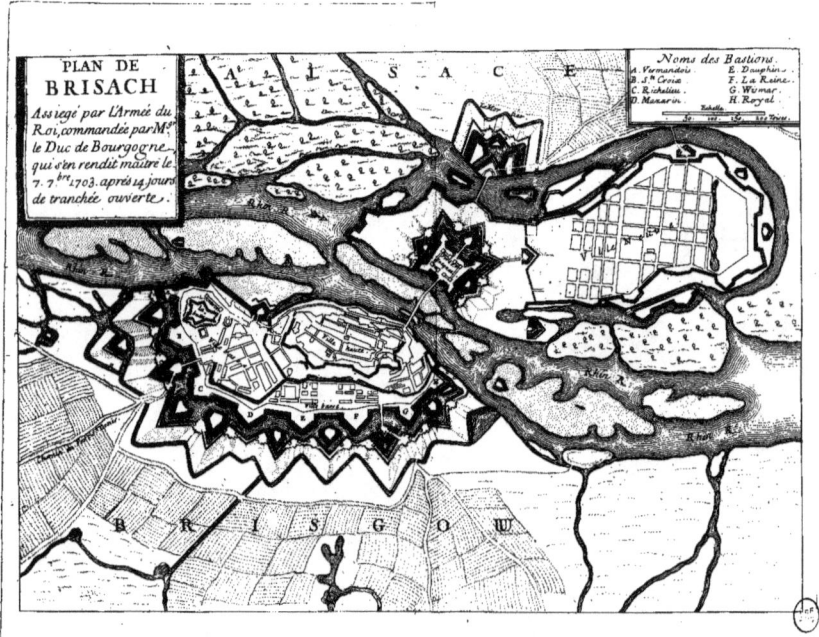

PLAN DE BRISAC.

Cette Ville fut assiégée par l'armée du Roi, commandée par le Duc de Bourgogne, ayant sous lui le Maréchal de Tallard & M. de Vauban, & fut prise le 7 Septembre 1703, après quatorze jours de tranchée ouverte.

LOUIS DE FRANCE,

DUC DE BOURGOGNE,

Puis Dauphin, fils de Louis de France, appellé Monseigneur, & de Marie-Anne-Christine-Victoire de Baviere;

Né le 6 Août 1682; devint Dauphin après la mort de son pere, arrivée le 14 Avril 1711; mort le 18 Février 1712.

MAXIMILIEN

LOUIS,
Dauphin, Duc de Bourgogne
Né à Versailles le 6. Aoust 1682.
Mort au Chateau de Marli le 18. Fevrier 1712.

MAXIMILIEN II.
Commence à regner le 25. Juillet 1564.
Mort le 12. Octobre 1576.

MAXIMILIEN II,

EMPEREUR,

Neveu de Charles-Quint, fils de Ferdinand I, & d'Elisabeth-Anne, fille unique d'Uladiflas, Roi de Hongrie & de Bohême;

Naquit le premier Août 1527; en 1548, il épousa la Princeffe Marie, fille de Charles-Quint; il contribua beaucoup au célebre Traité de Paffaw, du 2 Août 1553; il avoit réuni fur fa tête, en moins d'un an, la couronne de Bohême, qu'il reçut à Prague le 20 Septembre 1562, le titre de Roi des Romains, qui lui fut donné à Francfort le 30 Novembre fuivant, & la couronne d'Hongrie, qu'il reçut à Pofon le 8 Septembre 1563, lorfqu'il fut élu Empereur à la place de Ferdinand, fon pere, mort le 25 Juillet 1564; il mourut le 12 Octobre 1576.

PHILIPPE II,

ROI D'ESPAGNE,

ET IIIe DANS L'ORDRE DES COMTES D'HOLLANDE.

(*En habit Militaire.*)

PHILIPPE III   XXXI.e Comte de Holl.

CARTE

DES PROVINCES UNIES,

Pour servir à l'intelligence de l'Histoire Militaire de Louis XIV.

Fin du Tome VI.

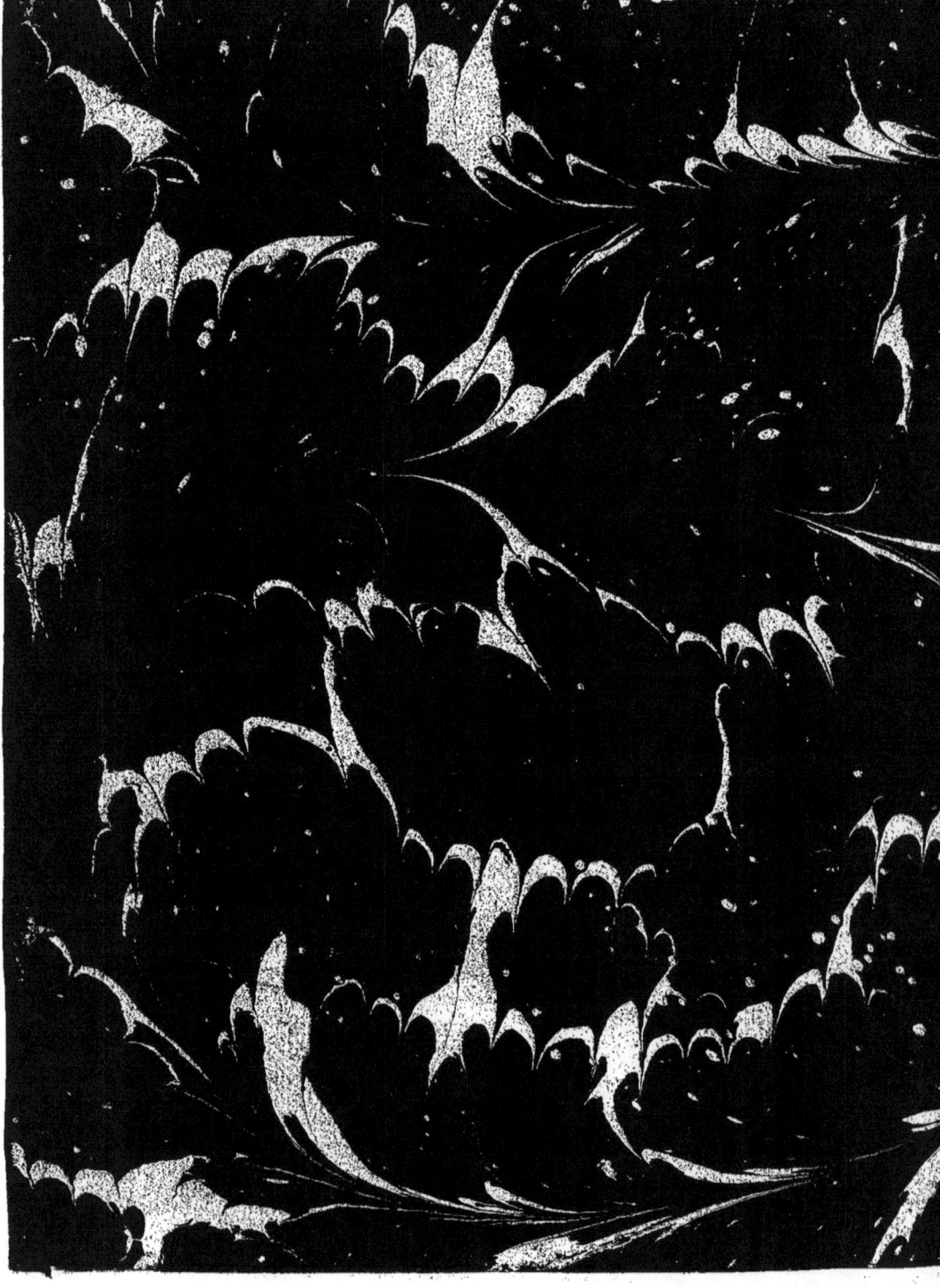

www.ingramcontent.com/pod-product-compliance
Lightning Source LLC
Chambersburg PA
CBHW050657170426
43200CB00008B/1329